Carpideira

Carpideira

poemas e desenhos
Paula Lombardi

2019

Mas que seja humilde tua valentia.
Repara que há veludo nos ursos.

Drummond

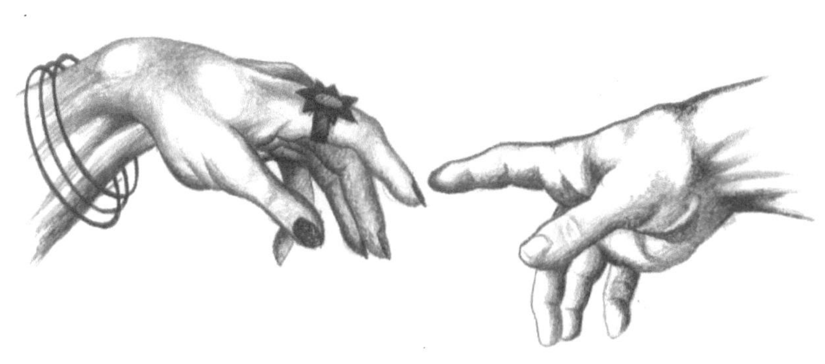

Gavlik

Gavlik veio manquejando
um herói ferido sem me olhar no olho
a perna rasgada, sangue seco,
barba, lama, um silêncio de homem justo
desejável sem harpa.
Os dentes certinhos, notei,
cílios finos,
mãos arranhadas e perfeitas.
Pus sua cabeça em meu colo e ele cedeu
necessitado de mim.
Cortei suas tranças
abri a bata franciscana,
sandálias de couro não se lavam,
ficam assim ensebadas.
A lua nasceu vermelha como em Trindade
eu e a Angélica eufóricas
mas Gavlik dormiu.

Afoguei meu filho na banheirinha
porque não nasceu artista.
Era promessa minha
não sei se arrependo,
penso sobre isso.
Minha filha ponho para dormir e saio,
vou comprar algodão, iogurte
quando volto ela ainda está dormindo
um brinquedo de paina com corda na barriga.
Leio para ela manifestos feministas
Gavlik chega e me repreende,
essa mulher ficou louca!
Em Campinas eu via o trem passar sem fim.
Comia pão frito na manteiga e suco de goiaba
não pensava em parir.
Jamais pensei em parir.
Os meninos nasceram porque comi sementes de girassol
hoje só como alpiste.

Não sinto desejo de mais nada
só queria ter me casado com Davi em Jerusalém
meu ciúme mortal foi Bate-Seba
que não estava ao seu lado quando ficou velho
e foi preciso uma empregada para esquentar seu corpo,
a quem o rei não possuiu.
Espantam as verdades:
se tornou velho!,
meu grande amor.

Mudou teu jeito
mas vou te contar que agora estou indiferente
verdade! Não preciso mais de sentimentalidades,
as vigas de isopor.
Me dá licença que não estou pensando em romance,
quem sabe se você virar gente, Gavlik.
Kriptônia é ácido, o planeta-mãe da kriptonita,
não quero ouvir.
Não é porque você cortou o cabelo,
embora por isso mesmo eu tenha me divorciado.
Só Jakob Dylan e Jeff Buckley
podem ter o cabelo assim cortado
porque estão longe e são música.

Meu silêncio digestivo
não aparenta indiferença?
Mas é bom que saiba,
que eu me importo sempre.
No fundo do meu silêncio há:
uma bateria vagabunda, por hora,
mas uma Fender afinada, e os músicos também estão lá
no palco que há no fundo.
Senta aí, presta atenção,
ontem espreguicei e tomei susto
de quem se lembra que de repente vai partir ao meio
e nunca fui quebrantável! espreguiçar que é,
o ensinamento supremo dos gatos,
do que na vida há de melhor.
Ganhei isqueiro fininho e transparente
amarelo! cheio de líquido que é gás,
invisível faz milagre.
Se apertar com força e de mau jeito,
vai é quebrar.
É isso, Gavlik, dá tudo certo
como em 1976 eu vinha à luz
saía lá do fundo e cantava.

Ela vem, ela vem
não tem como eu correr
me pega na saída do quarto
me rodopia pela casa inteira
digo besteiras como uma parceira bêbada
e acredito em tudo
que me sussurra ao pescoço
eu vejo coisas
foi algo que ela pôs na minha água
me sacode tanto, me espanca
fico com a cintura arroxeada
não me corta, faz hematomas
me joga contra a parede
perco a respiração, é brutal
não sou forte
eu vejo coisas
se tento fugir ela ri
me algema
não é mulher nem Davi
é a maldita esperança.

Vem, Gavlik
gosto que fique no meu colo
de olhos fechados.
O sol entrou dentro de você
fico quente às suas custas
à meia-noite
abandonados
bebendo vinho
tiramos o chapéu
o colar
as botas
e estamos amarrados
querendo lembrar de um desenho animado
ou amando os cactos
sabendo que nada vale um centavo
só vale dar nossas mãos
suspirar porque enfim.
Espero teu modo de sorrir
beijo o sorriso, adoro ele.

Lápis aquarelados
hoje meu útero se contraindo tem um olho
que olha para eles sem imaginação.
É o olho que me guia,
me faz deitar na cama, pestaneja,
quer dormir.
Ser mulher me assombra periodicamente
Dr. Elsimar Coutinho quer me fazer esquecer,
publica livros a respeito, dá entrevistas,
e acredito nele,
com muita fé e toda precaução.
Desconfio que ele seja Gavlik
tentando me instruir e modernizar,
arrancar o hábito das minhas antepassadas
sempre tentando me mudar.
Duvido que Gavlik apareceria
com seu próprio rosto agora.
Deixaria meu terceiro olho mirá-lo à vontade
é mesmo o olho que nunca se apaixona.

Meu Deus escreveu com as nuvens
pouco, para quem fez as letras japonesas.
Meu peito oprimiu,
e não tive dicionários.
Minha irmã recolhendo roupa,
seis horas da tarde é horário de desesperança,
é o mundo mudando de voz,
os homens parando na estradinha da montanha pra ver
que cômico eu tocando violão!
Alguém pensa em mim.
O gerente cogita se me chama:
o contrato é curto, o dinheiro compensa pra me prender:
"ela tem o perfil exato para o atendimento".
Gosto de um homem que fala coisas que eu amo,
mas Gavlik sorri altivo, influenciando.
Esta noite Gavlik descobriu minha casa,
me levou para debaixo da mesa,
fugimos juntos. Mas ele foi embora depois,
precisava voltar, não podia ir comigo pra Carrancas,
foi um pesadelo.

Eu que amei Davi
que foi meu rei e meu ideal
que a integridade admirei com ânsia
e não me deixou atrair a beleza de Absalão.
Eu que perdoei Elias
que não foi muito claro sempre
que me deixou sozinha com seu manto na mão.
Eu que invejei Sansão
que foi infantil e irritável
o mais estúpido dos homens apaixonados
e que, uma vez perdoado,
vingou seu cabelo e sua unção.
Eu que pude ser igual Maria
chegar aos vinte e cinco anos como Lázaro!

No alto da montanha fica uma casa
e um homem com binóculo me vê trocar de roupa
às vezes me vê chorando,
fica aturdido, sensível o dia inteiro,
silencioso com seus homens.
Beijo minhas filhas,
deito na ardósia,
ele pensa que melhorei.
Em alguns dias planta dálias,
n'outros faz cercas elétricas,
usa pesticidas, mata gambás.
É meu salvador ou é Gavlik?

Mecha de cabelos no cesto de lixo
ruivo parecendo de boneca,
atiro papel no cesto e olho achando graça.
É tão engraçado existir quando se está de bom humor.
Ando com uma fome angustiada, boca enchendo d'água,
boca de baleia onde morou Gepeto,
entre estalactites e saliva.
Não te acho insuportável, Gavlik,
vou tatuar teu "G" em meu anular
é para a vida toda.
Só uma convicçãozinha assim, pra vida toda,
que Deus sustente,
pois não somos temporais? carcomíveis?
nosso alicerce tem cupim!
É isso, Gavlik.
O amor é branco.
Harmônico e linear.
Uma segurança.

Vem alegre e pega minha mão
tentando me seduzir, a idiota,
se sou imune a presentes, ombros e perguntas.
De repente é abominável
quando chega mansa e me chama
tira o capuz
e eu vejo Davi.
Sorri me dizendo que eu vou viajar
abre tratados de literatura em seu colo,
eu aproximo,
a perna forte me apoiando, o cheiro grosso da couraça,
do metal fluindo das mãos, lâminas e cordas,
o corpo é mirra e água de poço.
Tento me concentrar, retornar à realidade,
mas sua presença é Davi, sua fala é Davi,
e não adianta que eu veja o negror
da capa opaca e membranosa
asa de morcego, mortalha,
e a espada afiada que fissura pelo meu sangue,
decepou a cabeça desgraçada de Golias,
e me quer, ela me quer,
Pai, não deixa, não deixa,
não deixa a esperança me matar.

Pensei que Gavlik falasse comigo
quando o vi sentado numa nuvem
cachimbo comprido preso entre dois dedos
sua boca se abria, a língua nos dentes,
os cachos de anjo, os calcanhares grossos,
ossatura espetacular para eu desenhar,
mas ele não falava.
Lembrei que estou com tendinite,
olhei para os meus pulsos queimando
mas ontem agradeci fervorosamente a Deus
pelo meu corpo completo, funcionante,
pernas, dedos, olhos piscando.
Por isso eu suspiro,
antes dos vinte eu não compreendia.
Passo perfume artesanal masculino
ponho saia e pulseiras e me espalho pela casa
toco o gado, enxergo através.
Fiz as pazes com a cozinha,
não me importo mais com a sua descompostura,
com as estruturas que a fome destrói em segundos.
Me salva, Gavlik, fala,
não há mal nenhum nisso, diz,
vamos ser humanos.
Desce da nuvem, Gavlik,
retira essas asas de cartolina e penas de galinha,
vem me salvar.

Gavlik sobe na cama, estabanado
fazendo planos em meio ao carinho
me despe do meu livro, fala, fala
tremula o lençol inteiro
me sacode contra o travesseiro,
minha cor e ossos, se estrala contra mim,
eu digo "para", "menos", um provérbio,
meio sem nada a ver:
"uma das primeiras coisas que se deve aprender
é conter-se!"
Ri da minha tolice. Ri do meu português, que eu não sei,
Gavlik me martiriza e esse é dos piores martírios:
nunca saberei.
Homem com ideias é uma borboleta violenta
às vezes vem sugar o néctar da sua solidão
derrubando pétalas, ladrão.

Eu não aprendi a nadar nem a expelir
não queria pôr para fora minhas mandalas
só queria suas pontas à vista
movimentos de ouriço
dor, para quem quisesse fincar a ponta do dedo.
Mas não,
eu quem fui tocar a roca,
aos quinze anos de idade.
Saiu sangue, bebi um frasco,
e dormi cem anos numa torre embolorada.
Gavlik me achou inconsciente
não sei o que fez com meu corpo antes de me beijar
estive à mercê de um psicopata.
Acordei sem alegria,
atirei um livro em Gavlik,
por que, justo ele, tinha que me despertar?

Se teu azar foi eu ter amado antes, Gavlik,
o rei Davi em Belém
e me escondido atrás de suas cortinas,
tua sorte é eu acreditar
que o rei está morto.
Um xeque-mate me empalideceu há muito tempo.
Mas a torre branca não vai desmoronar
vai abaixar seu padrão
aceitar flores de crepom
cinquenta prepúcios de filisteus, apenas
tua cabeça sem coroa,
teu corpo sem estola sacerdotal.

Não gostei do símbolo da livraria
arranco, firo a página,
firo um, dois corações se precisar.
Minha gata é boa como nenhuma antes,
mas o que me mata é esse cheiro de urina:
é nisso que eu meço o amor, perdoando e limpando
sabendo que no saco do amor cabe tudo.
Não se ufana, nem se ensoberbece
não busca o próprio interesse, mas sim, o de outrem.
Ah, Gavlik, desse amor é que tenho para você
esmigalhado na palma da minha mão
vem, Gavlik, vem!
Estou caçando um pavão.
Quando o viking me olha espantado, e meu primo,
pergunto se sou eu quem estou com morrinha de urina.
Quando eu cantava "tocou-me", uma criatura
voou pra dentro da minha garganta
e deu gosto à minha boca
interrompeu a música
o sabor e o susto.

Sou perfeita com você falando
mesmo que eu não entenda
desajeitada se você bate a porta,
me deixa entre estranhos.
Preciso de você primeiro, Gavlik
para eu ser eu de algum modo.
Você ri com dentes afiados,
o gosto pela minha confissão.
Confesso mais, confesso tudo,
estou tão boa hoje,
faço tua cama, tua barba,
arranco teu pijama,
mas depois meu som te apanha
o poder que eu tenho sobre você
a corda que vou passar em teu pescoço
fratricídio, fazer você comer anthrax
com açúcar mascavo,
me beijar com a boca espumando,
escorpião ultrajado,
amado por mim.

Murici é planta
rodovalho é peixe
e garganta é sepulcro,
caiado, com gargantilha.
Não sei se um dia vou acreditar em Gavlik
minha solidão é o que eu tenho de melhor.
É só trabalhar que tudo dá certo,
o slogan do homem na TV garante
e a gente ri,
descobrindo uma opala.
Sabe, que eu vou num show para me diluir
até a última música em frente ao palco,
dos que conheço, só eu só assim
porque minha relação com a música é:
pura fidelidade.

Não vejo mais carros de Israel
pregadores como Elias se foram
da forma mais humana.
Passam carretas que fazem a casa tremer
torço para que ela não caia comigo dentro,
mais uma profetiza sem honra.
Já não bastasse esta dor de dente.
Zombaram: é dente do juízo o dente do siso.
Toda dor é juízo.
Quero a poeira dos carros de Israel.
Pai, o Senhor me recupera?
Se eu tenho dor de dente,
não tenho sonho.
Fico face de gelo, gritos no quarto,
odeio indiscriminadamente,
qualquer coisa em troca de alívio.
Gavilk, você me consola das outras coisas,
das tristezas que podemos sentir juntos, sim,
empáticas melancolias, nossas mãos dadas,
pensamentos de flechas,
mas eu tô tão boba, Gavlik, tão imbecil,
uma lesão progressiva,
e olha que usei tão pouca droga na vida
prezando voluptuosamente minha memória.

Entre montões de roupas, escondida
minha vontade de consertar as páginas
com serrote, martelo, plaina
deixar tudo no lugar.
Depois sento num banquinho tosco que fiz
e grito:
Gavlik! ô meu Gavlik!
Onde é que você está, pergunto para o eco
para o pedaço de chão,
que se esfrega em meus pés sem trégua.
Que comunicação há?

No ricto do seu sorriso
fiquei pensando.
Seu queixo é tão masculino.
A pele do rosto não é mais lisa
e amo sua nova textura.
Me deito em seu peito que é uma grande ponte
não a atravesso.
Deixo as pontas dos pés tocarem a água
dói sua friagem, mas gosto quando acostumo.
Me beija mais devagar
que eu vou morrer daqui a cem anos
seguramente.
Prega o momento
com estaca e martelo
perfura sem dó, espanta os vampiros.
Carreguei dois baldes com água,
interligados com uma haste
como vi os chineses carregando,
com um chapéu de cuia e fui amarela
pequenina, florida, com olhinhos de ópio.
Colhi papoulas em segredos
moí e bebi o caldo. Fiquei louca.
Assustei o Gavlik. Joguei suas roupas no chão
fiz xixi em cima cantando *Kumbaya, my Lord*,
depois chorei, comi sardinhas,
espalhei pregos nas paredes,
pendurei contas, receitas, piquei meu amor com maçãs.
Sorri para o Gavlik. Louca e cínica
com sono de larva que não quer dormir.

Gavlik, onde está você?
volto a te procurar, meu amor,
volta.
A expectativa de cantar é um segredo
que faz meu olho brilhar.
Eu te perdoo, Gavlik, todas as palhaçadas
foram mal-entendidos.
E o que você nunca pensaria de ouvir,
eu digo, e repito,
confesso: você me lembra Davi.

A expectativa de cantar é um segredo

*O meu olhar é nítido
como um girassol.*

Fernando Pessoa

Nítido

De repente minha avó paterna
permaneceu velha com joias de quando era moça
todas na mão, me mostrando como quem segura algas
embaralhadas e opacas porque estiveram guardadas.
O meu pai, ela disse, o meu pai contava
do navio em que chegou ao Brasil
a esperança junto com a peste
os cadáveres amontoados em pilhas
fogo alastrado
e só.
Nunca mais uma palavra.
Nunca mais minha avó paterna
coordenou seus pensamentos
e focou o olhar nas memórias.
Eu aprendi frases em inglês
li livros americanos e filmes idem.
Não tive raiz genealógica nem histórias antepassadas
fui livre de navios, terras e cargas.
Do meu passado invisível
só tive o peso levíssimo
de uma única palavra:
farfalla.

Teu rosto é simples demais
não fossem os olhos que não guardaram mágoas
sem uma atitude fosca de autoproteção
dois fachos disparados teus olhos são
portais dimensionais e Você
é um poço manso matando a sede.
Não gritará, não erguerá sua voz nas praças.
Tuas solas carcomidas,
enquanto Você fala
que bem-aventurados são os que têm fome
e sede de justiça.
Posso te seguir
com pedras por travesseiro.
Olho para Francisco, que ri sempre
no estado absoluto de absorção da tua simplicidade
maldito Francisco, eu peco,
bato com a mão na boca, frustrada,
se Francisco ficasse comigo:
minha alma fraca revigoraria com sua grama
mas ele preferiu outras datas, preferiu Clara.
Jesus de Nazaré, não é simples me fazer calar?
Não é simples acender a luz para eu não tropeçar?
O meu rosto está sempre erguido como o de um cão
quero banho, sim,
quero comidinha de cachorro, sim.
Acode, Jesus Nazareno.
Tenho uma ideia:
abocanhar teu vestido, puxar tua túnica, insistir,
como um sem-dono desesperado
que está perdendo o juízo.

I

Estou triste
brincando com amoras que não mastigo
por onde passeio pretejando as mãos.
É difícil conhecer alguém.
Fiz colares com minhas sementes de medo
o fio de náilon é resistente
o fecho invencível.
Preciso saber
acertar as paredes que o prego perfura
reconhecer janelas para bater
preciso aprender sem cartilha
jota de jarro, eme de macaco,
dois mais dois são quatro,
não funciona mais assim.
Meu medo também é ser fantasma
que ele nunca me ache.

II

Estou feliz
uma catapora de felicidade
coçando e doendo vermelho
febre por dentro borbulhando.
Toma água,
passa pomada,
eu pego é um revólver
mas feliz eu não me mato.
Carteiro passou batido, desgraçado,
diacho de homem instável.
Achei um 3x4 perdido no chão
já achei touca peruana,
só não achei dinheiro que é bom.
Tocar também é coisa de homem
assim como escrever.
Hoje gravei uma música que eu fiz
para eu mesma não esquecer
que felicidade é tudo,
mas não fortifica a memória.

Por uma eternidade foi assim:
ela criou a filha rindo as duas
na cozinha com cigarros
rádio ligado
piadas infames
curiosidade destampada
e preocupações frívolas
recato não-estereotipado
andando peladas pela casa.
Nudez.
Roupas.
Duvidável o pra-sempre dessa vida?
Paisagem fincada
variável na cor e tempo
mas permanentemente.
Quem removeu do lugar?
Como pôde o silêncio desligar o rádio
apagar os cigarros e as torpezas
todas em inocência.
A perplexidade pergunta às paredes,
a mãe que era jovem para sempre
envelhecendo, meu Deus
e sozinha.

Um lugar de crianças
me ferindo com espátulas
qualquer coisa é transformada em arma.
O cemitério me atrai pela sua esterilidade
porque falo língua dos mortos
que é silêncio destilado e envelhecido
bom para quem toma.
Eu corro para chorar atrás da porta
que é onde Deus está lá em casa
e me diz que eu sou criança
que eu também sou implacável.

Se minha porção debaixo do sol
fosse anterior a esta hora e lugar
teria me casado com Juscelino Kubitschek
e pintado seu retrato.
Teria amado, talvez, dentro de casa
lavando pratos e venerando o homem
e mesmo que só pelas aparências
ele também teria me amado.

Te faço orações dentro do meu contexto
é lógico que estes sonhos manchados
não teriam sentido noutros tecidos
uma mágoa profunda pelo embotamento
embora não sejamos profundos.
E a importância de fagulhas
no céu roxo e fundo do universo?
Que valor?
Nem colisões meteóricas perduram
profecias ficam defasadas.
Não, não quero escrever essas distâncias, amplitudes,
agarrar estrelas pelo calcanhar,
absorvendo. Tentando. Repugnando.
Eu sou pouca demais.

Exposição no Sarau

Poemas pendurados em varais
desamparados de seus casulos.
Olhares cheios de vento
balançam as folhas.

Um dia passado a ferro
menos um dia.
Eu não quero chuva,
quero pedras.
Um passarinho voando na fotografia
pra sempre ficou de me abraçar.
O meu reflexo é azul devido a um erro médico,
e tenho vestido curto de cetim rosa
para dançar na praça quando durmo
misturada aos loucos
quando como milho dos pombos
e não entendo as horas na igreja.

Eu sei o que é precioso em mim se deteriorando
e tão delicado.
Podem engavetar uma vida
trancar um vivo.
As coisas distantes demonstram isso
os estudos silenciando,
as roupas embaladas,
as miudezas que juntou, dispersas,
não ficou nem um porta-retrato.
E você precisa de tantas coisas
não é preciso pouco para ser feliz.
O contexto, novamente, o contexto
é a mola-mestra das tuas orações.
Trinco o espelho com o cabo da escova
síndrome vertiginosa? minhas mãos tremem.

Fechar a porta
dormir lá dentro
de onde a porta fecha
escuro de escudos
meus olhos escuros
sem outro dia
sem outra voz e ordem
uma outra coisa
um conto de fadas
um lar dentro do tronco oco
com tamanduás falantes
bolinhos de creme na bandeja
e lareira.
Ficar lá dentro
de onde a porta abre.

Das telhas que o Senhor arrancou
a luz pousa no meu ombro
uma ave sem plumas
frágil, que posso degolar se conseguir agarrar.
Dirige meu passo com mão leve e morna
um encaminhamento delicado
que me faz perceber tão bruta.

Bata em minha porta
eu vou estar ouvindo Doors
colocando roupa
derrubando envelopes
quebrando copos.
Eu via caminhão e pensava em viajar
ou estacar, comprar veneno de rato.
Ainda não fiz uma fogueira com os livros da minha irmã
a vida inteira tive vontade.
Doce de abóbora é o meu preferido
não muito doce, bem colorido.
Claro que tudo tem ligação:
por isso a conversa estica.
Motor de carro e canções contam minha vida
vidinha à toa
não muito doce, bem colorida.

Alguns papéis esvoaçaram
da minha mente que ficou limpa
o cheiro de Pinho Sol misturado ao cheiro
da ausência deles.
Toca uma sirene dentro de mim
avisando que é hora.
Meu passado é um rabo que eu corto
e cresce de novo,
zombeteiro, impossível.
Células de incongruência
perfume de capim no sol
eu pretendo ser abelha operária cantando macio
inspirando medo em quem não entende.
Esqueci toda a conversa que tive ontem
tirei assuntos sérios do cabide,
quis tudo outra vez,
e esqueci.
Meu Deus não esquece de mim
ô graça imerecida,
já nem sei mais o que eu preciso.

Um dia não vou mais morrer
não vou carregar a barrigada da morte
num carrinho de mão.
Eu vou cantar.
Nunca mais o caminho da dor
será o amigo.
Aliás, esse caminho,
vai ter mato crescido e fim.
Vou me deitar na juba do leão
que é a ideia mais convencional do Paraíso.
Não vou me cansar.
Não vou me casar.
Vou ser livre.
Nenhum homem que me der carona vai me ameaçar
com um revólver e seis balas.
Vou atravessar os países
com o peso só de um mapa.
Vou ter para sempre dezessete anos
e ideias. Tolices. Medos transponíveis.

Não é com grande amargura mas com conformismo
que eu venho contar desventuras lacrimosas
num dia em que resolvo ser caiçara com uma viola
chapéu digníssimo numa cadeira de bar.
Faço de conta que eu sou,
choro sem me tornar insuportável,
é tão lindo o caiçara chorar,
não é patético.
Os que eu amei não se importaram.
Invadiram o salão com carabinas
apontaram minhas costelas, atiraram,
e foi pra ferir, não foi pra matar.
A viola caiu e rachou tão tragicamente
que emudeci.
Fui ler Apocalipse, suspirar pela restauração,
porque todo adubo acabou.
Os que eu amei não se importaram
e atiraram foi pra ferir, não foi pra matar.

Ela cuidou de mim e ainda me cobre
fica com a mão em minha testa,
até eu dormir.
Conto em casa e ninguém acredita.
Já acostumei com as suspeitas.
Só eu durmo de janelas abertas
e só eu tenho esperanças absurdas
de ganhar na loteria, de levar Eddie Vedder pra casa,
de encontrar aquilo que poucos encontraram,
e a maioria duvida existir.
Ela me diz que sim, é possível,
por isso ela também não é crível
mas ela é tudo que eu tenho
depois de Deus que é meu Pai.
Não temos hora para conversar.
Eu rio esmorecida,
é canseira da vida, não sei lutar.
Ela é sempre tão altiva e bonita,
sorri, muda de assunto,
faz de tudo para me agradar.

Que bom que eu voltei pra casa
minhas coisas esperavam
e seriam órfãs se eu não voltasse.
Que alívio.
Dona Luísa parece ficar em frente ao portão
só para morrer um dia e eu receber a notícia
não vou assustar, será lógico como as contas.
A casa branca e amarela da esquina
existiu para vir a ser minha lembrança
com aquela mulher de cabelos brancos,
sem nenhum significado,
um dia perguntando como estava minha avó
minha avó já morreu, exaspero hoje, com saudade,
mas na ocasião fui cuidadosa e espantada, como convinha.
Senti na boca o gosto do café da minha avó:
eu me lembrei! do gosto do seu café com roscas.
O quintal era tão grande!
segredo convidativo, repleto.
Me escondo nas lembranças,
atrás de folhas de bananeiras,
atrás da casa, no úmido,
e dentro da casa de bambu que meus irmãos construíram,
me escondo até o terremoto passar,
e as chuvas finas, que encharcam.

Me apanha, meu Deus, que eu sou flor que dá no mato
de uma delicadeza pisável
mas feita para as tuas mãos
como um poema perfumado no talo
que eu colho para escrever.

Perdi a identidade
o traço do meu autorretrato
mas tá melhor assim
uma luz tá ofuscante
o meu copo vazio
meus pulsos doem, mas não estão cortados
coisas muito boas.

Moro sozinha no que é grande
de baque surdo
sem mobília
meus lábios secos.
Posso andar e subir escadas
não soa meu próprio barulho
nem chega ninguém
com tudo oprimido de sentido.

Nunca mais é tempo que não alcanço
tão longe e de dar cansaço
não digo, tapo minha boca,
eu perdi a propriedade dos vivos.
O que o Senhor fez comigo? um espírito solto
é bom que posso subir verde-água
pela primeira vez ter tom verde
e não ir contra o vento.
Um dia o Senhor vai me deixar ser vela?
perfumada? com grãos de café no fundo?
vou ficar num pires imóvel e ter luz sobre minha cabeça
o que eu sempre quis.
Varei uma madrugada cantando
e pensei que estivesse cercada de amigos.
Araram meu coração
o ancinho como unhas de lagarto
e as sementes que despejaram,
Deus do céu,
o meu coração fez abortos.

Se eu soubesse que meu tio iria morrer na bebedeira
teria lhe entupido de cigarros,
sua aquisição mais alegre.
Mas minha mão era pequena,
apertada a da minha mãe nos manicômios.
Fugiu com o Paraguai: pulou os muros:
moço bonito que minha família recebeu consternada.
Fugiu agora tá fugido,
fazer o quê.
Ficou louco de tanto estudar,
ô mito gostoso,
que eu quero beber e vagabundar,
com esse respeito só porque tenho livros.

O passarinho que canta uma só vez na vida?
O que faz do resto,
quanto é o resto,
e quando é o canto.
Ele morreu na infância
afogado
o pai gingando de braços erguidos
o menino que nunca pôde fazer nada
e não cantou, afogado.

No escuro não ouço nossas vozes
eu as vejo
com corpo circunspecto que entra
no espaço entre nossos travesseiros
e faz um número
que não faz à luz do dia.
Posso ver de olhos fechados
ouço é só minha palpitação
como barulho de passos nos degraus
que chegam para a noite
sem lua ou planetas
diferente da noite de fora.

A ilusão da autocomiseração
eu vi sem roupa o esqueleto
nunca mais me pareceu bonita.

Chove caruncho em meu quarto
a tampa do meu caixão é de Eternit
morro sufocada
e ouvindo caruncho
que me lembra vagamente um pau-de-chuva
uma madrugada em Mariana.
O que ele fez não tem perdão
por isso ela emoldurou seu rosto
para desprezar todo dia.
Eu sinto vontade de cuspir no retrato
mas sei que no fundo ela tem amor.
Essas são as contradições.
Carrego muito
pausando porque hoje a cólica é pontuda
e me dá vontade de vomitar.
Não reconheço a casa que vejo pela janela
me sinto lá no longe onde quero ir
e acredito.

Quando ela cortou o cabelo,
fiquei louco,
derrubei o muro da casa dela,
pra você ter uma ideia.
Compreendo, Luciano.
Como você pôde ser tão cruel? me provocando
dizendo que eu repeti a primeira série!
Não entendo, Luciano,
também fui uma criança boa.
Eu te odiava! Eu me lembro direitinho!
Me perdoa por tudo, Luciano,
depois de vinte anos,
me perdoa.

Viaja, não.
Rádio ligado, só Legião.
Putz grilo,
se tá tocando só Legião...
não pode ser.
Ainda namorava,
cheguei chorando.
Chorei tanto.
Claro que ela não me entendeu:
"Tinha mais que morrer,
morreu de AIDS
doença de viado!"
Isso doeu em mim.
Todos os relacionamentos que tive
a trilha foi Legião.
Se hoje eu for tentar, eu piro.
Eu amava Renato Russo!

Fiquei entre cacos de vidro
apertei nas mãos como se fossem conchas
se eu me lembrasse,
poderia tentar entender
a compulsão vazia, quais sentimentos houveram
por que mastiguei os cacos.
Mas não me lembro e não houve
nenhum prazer para eu eliminar agora sob a culpa
que me pesa como doença.
Não como e choro.
Era só em você que eu pensava
antes de devorar veneno e ser devorada.

Esta noite não trouxe espantos
mas foi incômoda
a cada intervalo em que me virava
sem me encontrar na cama
consciente da diferença do corpo
e da alma.
Nunca me senti tão estranha
em minha própria companhia.
Era outra.

Acorda alguma coisa
que eu tenho num travesseiro ressonando
com água e farinha
faz cola para o meu coração trincado
conta uma história
com pedaços de luz para eu recortar
e costurar um chapéu
para cobrir meus pensamentos
com sono e frio.

No Sanatório de Clavadel
Mlle. Diakonova era Gala
se curando na Suíça,
contou Manuel Bandeira.
Depois seria tinta elaborada nas telas
a grafite apaixonada
arrimo dos bigodes de Dali.
Sem uma história de encaixe e ajuste
o homem não pode ser um
mas poucos sabem,
que são só metade.

Nem uma nuvem eu fabrico
por mais que tenha inspiração.
Nem entender eu entendo
o processo digestivo do cupim,
então como posso, esmagar formigas,
pisar em insetos?
arrancar do galho folhas
que ainda não sustentaram larvas?
Que é preciso ter mais respeito
isso todos nós anestesiados sabemos.

Eu tenho fissuras,
quero mochila pesada sobre meu vestido leve
eu tenho um mal,
fazer xixi na caneca,
corre, limpa, escorreu,
tenho desesperos,
as horas passam,
preciso de uma casa
rolo de pintar parede,
inventar e organizar é minha sina
presente de Deus.

Teu corpo deslizante na valsa do cotidiano
apanha fraldas do varal
fingindo que colhe frutas.
Vêm os teus pés apressados
o arroz queimando com cheiro mensageiro
os móveis todos suplicantes à tua passagem
sempre lhe pedem alguma coisa.
Vem o teu colo
para os meninos aquietarem.
A vontade de ser livre,
entrar nos barcos da enxurrada,
dizer pra mãe que não volta pra casa.
Mas a mãe agora está no espelho
onde ficou a singeleza?
no sorriso dos filhos, só
onde ficou a alegria?
Agora a depressão se deforma
não é mais pura e límpida e emocional
transformou-se em cansaço, conta de telefone
comida de cachorro, roupas no tanque,
aulas medíocres de piano.
Vêm os teus olhos que secaram
são placas de alumínio, do alumínio da leiteira
nem um pouco mais firmes ou mais brilhantes
são todos do cotidiano.

Se escrevo no escuro
é para cada lágrima ficar invisível
só suas estradas, brilhantes.
Meu grande amor morreu de asma
era humano,
com pulmão e tudo.
Ele pintou os doze apóstolos
a tinta escorreu de um manto:
uma gota verde marcou o momento crítico.

A tosse distante ecoa familiar
e no fundo de um coração raso eu agradeço,
obrigado, Senhor,
porque meus irmãos estão vivos
ninguém morreu ainda.
Obrigado pelo exato instante
em que meus pais não são velhos nem jovens
e se para sempre fosse tudo assim
estaria muito bom.
Meu sobrinho que se atreveu o dia inteiro
zumbindo, pernilongo sequioso a pousar em meu antebraço,
dorme agora sem cor no sofá
boca entreaberta e respiração inocente
perdoável de tudo que eu digo: não perdoo.
É só a noite chegar para eu acordar
estou acesa e de coração limpo
lavado, cadê o pano de prato?
Minha mãe tem alegria inquebrantável.
Mas a vida é tão ruim, mãe, digo,
e ela abre seu coração que é um baú
onde guarda também as tristezas.
De vez em quando tira uma,
estreia as que ainda não vimos.
Meu pai "quer voltar". Se forem voltar,
são dois caras-de-pau.
Mas cada um sabe de si. Eu sei de mim e de Jacó
que próspero e abençoado, disse no fim da vida:
"Poucos e maus foram os dias dos anos da minha vida
e não chegaram aos dias dos anos da vida dos meus pais,
nos dias das suas peregrinações".
Jacó é um atestado.

Ele me criou na mamadeira,
usou vara de marmelo, livro do João Jiló,
me deu tardes compridas chovidas extremadas
felizes no terreno da igreja,
em casa com meu pai chegando
de bicicleta roxa trazendo,
Toblerone e cola Tenaz.
Mas, ai, Pai, eu tô me perdendo,
nesse meio do caminho que eu não venço,
ando descalça, sacudo a bandeira do meu vestido,
o Senhor fez cinco riscos no meu coração com a unha,
pôs clave de sol
numa extremidade, na outra pôs clave de fá e disse vai,
à caça das notas, mulher-partitura.
Não é culpa do Senhor, eu sei,
mas o meu amor é sem compostura.

Eu disse que matava o traidor
colocava curare na hora de tatuar,
na haste com várias agulhas.
"Vem! Eu faço tua tattoo sem cobrar!"
Que ideia te faz diferente do assassino preso há dois anos,
porque quebrou a cabeça do parceiro
com um taco de bilhar?
A raiva arranhou meu peito pelo lado de dentro
meu coração fatiado foi posto na água,
em panela de pressão.
Agora arde. O nervo bombou sangue com força,
pensei, será que morro? será que aguento?
Mas sobrevivi para não vingar.

Acho linda a composição mais simples:
meias listradas em cima da mesa
vermelho preto prata
vermelho preto prata.
A calça florida custou R$ 4,00
a sandália de couro R$ 5,00
me olham por cima.
Um bilhete amarelo de ônibus, com dois furos,
marcando meus destinos, conta
uma história inacreditável!
Estou desacreditada de uma tristeza fatal
desespero só de alegria
que é sentimento de soleira.
Meu anseio, oro, é para pagar todas as contas
em dia. E descansar como um justo.

Teus desgovernos
se espatifaram em minha realidade
desfocaram minhas cores
sem forma sem lábios
teu vazio se espalhou
e eu fiquei à margem.
Agora reúno coragem
para pintar um quadro.
Depois do tempo passado assim
é preciso renascer e ser um cata-vento
saber que o ar não fica só nas praias, só no fogo
passa por mim.

Sônia que sabia exigir dos homens
gorda e forte,
no braço tatuado uma rosa preta
grande, com um espinho comandando o tráfico.
Pedia uísque com gelo,
não quero se for preciso nunca nem lavar um copo.
O blues se curvava
os caranguejos buscavam o punho dela.
E da moldura até quem invejava:
Maria Bonita.

Não é catastrófico, não é
há uma seda recobrindo tudo
e os amparos humanos tornam apresentáveis as tragédias
o que fez a pressão do homem subir
o coração da mãe implodir as pontes
Pronto-Socorro
não há nada que as frases de família não dilacerem
a cunhada, o primo, um tio distante
jantando o fato com talheres, inox e vinagre
é comestível e você supera
mesmo com olhos inchados,
o supremo vazio.

O ar da manhã é diferente
fresco e feliz para a criança que eu era
acordando só para ficar viva.
Aos domingos minha mãe matava frango
às vezes esticava o pescoço da ave
e eu passava a faca
de mesa, sem corte
quantos frangos eu matei?
não era eu. Eu sou outra coisa
avessa a sangue espirrado,
só tolero escorrido,
de feridas ou tatuagem.
Sal, limão e graxa, para curar a ferida do gato?
Não, Amanda, isso arde!
Foi minha avó quem falou,
ela encerra o assunto: *pra desinfetar.*
Saudade, meu Deus, saudade com sangue,
das manhãs, da minha casa com meus irmãos,
será que a Amanda vai sentir saudade de mim?
Fica na cama comigo, avaliando:
Quantas feridas você tem!
Está copiando o livro?
Me conta "meia" história de terror,
mas eu não sei contar. Não assusto.
Amanda:
Gosto de escrever, e você? É ginástica pra mão;
não tem outra coisa pra fazer, então,
escreve.

Que grande confusão, que grande ai
e eu só queria uma historinha boa, palpitante
simples de doer.
Amo, Pai, essa languidez que não é pecaminosa
poder jogar tudo para cima
ficar acordada até cinco, sete horas da manhã
porque a conversa tá boa,
e eu *não tenho* que ir dormir.
Grande Senhor do sol e da lua, meu poeta preferido,
meu autor maravilhoso, beija meu rosto,
me dá a benção,
faz trança em meu cabelo e me empurra para a escola,
paga minhas mensalidades na Wizard,
que estão caras demais,
ô necessidade de dinheiro! Que brutalidade.

Pico fumo de corda sobre a prancheta
a Amanda diz que é cheiroso
e se delicia com as farpas.
Pega minha palha sorrateiramente
aprende a enrolar
com seu pai policial censurando
minha má influência.
"É a tia corrupta", minha irmã diz do tanque.
A menina só tem cinco anos
sai daí por causa da fumaça
ficou muito forte, vixe!
Já vem a avó,
dizer que eu estou fedida,
dizer que eu não aprendo.
"Ô carniça!"

O mar me oprime
eu queria que fizesse silêncio
que se contivesse, aprendesse a ser suave.
Seus cardumes rápidos,
o movimento comprido e liso,
a vastidão de nenhum lugar para se esconder.
Vidas de formas tão diferentes, visões abruptas,
mar de alienígenas. Coisas grandes demais respirando,
coisas pequenas demais. Fios barbas dentes pontudos.
Facas hastes venenos. Proteínas.
Cabeças de peixe secando na praia – o que de mais lindo
o mar me deixou
em cartão preto, escrito prata.

Quero falar de coisas trucidantes.
Duas lagartixas em conferência
em sua parede da cozinha
tão próximas da pia
que o pulo de uma balança o lixo
e você não acreditava,
que elas bebiam água da xícara
e lambiam a beira do pote de margarina!
Duas: gordas, saudáveis, da espécie mais branca,
e não daquelas amarelas, familiares.
Duas horripilantes lagartixas
te deixam impressionada por horas,
andando sem encostar nos móveis,
puro cuidado pela casa,
assombrada.
É assim que eu fico: assombrada.

Dona Maria do Mané Iba estalava a língua na hora certa
falava arrastado com a mais perfeita cara contrafeita,
uma lamúria altiva. Morava na Várzea
em casa bonitinha com cachos de cabelo prateado.
Tinha conversas sem-fim com minha avó no alpendre
eu ansiando por palpitar, ser consultada,
ela me olhava, envelhecida e sem amor.
Seus filhos eram flores, galinhas, cachorros e cartas.
Sua tristeza da vida era muito sólida,
não abatia, não diluía no cotidiano.
Dona Maria do Mané Iba tinha sangue de índio
e partiu para longe, um céu clandestino.

O cigarro de caixinha eu rejeito
do fundo do coração
a nicotina me desbaratina
fico má
toco cachorro
vontade de correr
e deixar o outro falando sozinho.
Charuto não: apazigua.
Cigarro de palha não: baqueia.
Mas eu queria crescer sem mamadeiras.

Sonhei que minha avó que já morreu tinha morrido
a dor foi tudo de novo.
Sua vida foi um quadro de Van Gogh
pintado num jardim do hospício.
Agora um homem me aperreia
adquiriu segurança como salva-vidas
e por fazer gravações em ouro.
Penso que sou feliz porque escrevo.
Pensa que é feliz porque tem família
e uma caixa de correio.
Salvai-me, Deus.

Querem me magoar, Senhor?
Criador da minha alma
olha as válvulas e o sangue
que são incapazes de suportar.
O Senhor me deu tanta fundura
em meio à minha distração
tantos bolsos e portas
e porta-joias
num mundo vazio.
Me coloca onde eu devo estar
com quem eu devo estar.

Preciso de um gato acorrentado
para que não me abandone, mais um.
Preciso de uma cama de verdade,
numa rua de verdade,
sem lembrança de desolação.
Preciso de invenções
saber que outros não irão tão cedo
e ainda há o que valha.
Me mostre a ilusão da tristeza
me diga que ela é mais uma vaidade.

São só lugares diferentes para o nosso sofrimento
da mesma forma você lembra os mortos
sem medo de estar entre eles.
O menino que morreu eletrocutado
tinha olhos verdes e foi o grande amor da minha amiga.
Depois do suicídio deles eu agonizei
um vampiro no sol com cólicas.
Para ter coragem ele bebeu uma garrafa de vinho
dívidas, dor.

Você vai ser
meu amor recolhido
até que um sol se abra
e eu ganhe um dom de interpretar.

93

Não quero a tarde deste modo
e com esta dor
quero como era antes.
Mas quem sabe se vamos jogar conversa fora
e falar sério
misturando som e incenso.
Rir
como duas amigas
como Davi e Jônatas
não sem que tudo tenha mudado
e tantas outras coisas tenham passado sobre nós.

Não quero amar perdidamente
não quero, jamais, me perder outra vez.
Decidi ser inteira,
ter minha imagem no espelho,
não ser cara-metade.

Entende, Deus?
Colhi um pouco do Teu amor e pus no coração,
como quem colhe um lírio para um solitário.
Eu quero expurgar a maldade
me dá do Teu laxante em colher de sopa,
Deus, estou com tanta saudade!
Na verdade eu não sou má,
na verdade eu sou,
mas não quero ser.
Estou balindo no vale da sombra da morte
de onde o Senhor já me buscou outras vezes.

O girassol olhava para mim
com seu um só olho marrom
eu esperava carona no asfalto
o fim quente de um dia,
o girassol me gritando uma história só,
de um só lugar.
Era pra me deixar louca.
Os carros acenavam para a esquerda:
iam entrar na Batinga.
Para os mentirosos haveria de brotar hemorroidas.
No verão eram cento e dezoito girassóis revoltados,
um hospício inteiro.
Como eu posso me dar ao luxo de ser intragável,
não sei.
Nunca quis me parecer com eles.

*O justo ama a vida
dos seus animais.*

Provérbios 12:10

Camila (a gata)

Tenho medo dos sinais
os bobos, que profeta ignora.
Por que me apaixonei por um elefante triturador?
Hoje a Camila me beliscou dormindo
é um sinal.
Mulher-vareta pôs as mãos na cintura
o homem parecido com ele mesmo me encarou
suei frio
virei o rosto como se não fosse comigo
sentei metade na sombra, metade no sol
neste chão de Águas que nunca está limpo
e sempre tem cachorros.
Não veio na língua para eu perguntar:
o Ygor, como vai? e ouvir que tinha melhorado,
o pior já passou.
Comprei uma peixeira para enfrentar aquela que disse:
"morreu a bala não tem crase",
vagabunda, mulher de doutor,
cabelo ruim, saco de banha,
"erva-daninha quando morre, espalha a rama pelo chão",
quero ver.
O homem mais simples do mundo
declarou para a faxineira
deste lugar imundo: "não gosto que mintam para mim",
como um lorde,
não sei se usando o lugar-comum,
não se acusando a relaxada que ria,
e eu ri também,
mais por desesperança.

Camila dorme respirando fundo
quase o ressonar de um homem
assusto sempre quando começa,
cinco segundos para lembrar que não estou sozinha.
Vou folhear o livro e esqueço de novo
que tenho tinta nos dedos.
Quero chorar e o livro não se fecha.
Meia-noite e o sol entra pela janela
um pinheirinho no centro,
será que cresceu?,
nossa casinha de ripas e paus.
E era tão importante brincar no galinheiro!
Indescritível descobrir ovos azuis nos ninhos!
Mas eu tinha medo das galinhas,
como a mãe da Penha elas olhavam.
Se eu não posso chorar então eu estralo.
Praguejo minha felicidade antiga,
por que até a alegria tem que doer?

Seu olhar se encomprida sobre os botões
quero essa alegria, esse renascimento
e uma lata também contendo sonho
para eu abrir e despejar.
Amanhã: um homem virá em minha porta
trazendo nas mão as recompensas.
Igual a Camila, ter apetite,
saltar como felino,
usar sino no pescoço,
e ter muito picão pelo corpo.
Alegria, sim, renascimento.

Camila chegou assustada
o rosto sujo de sangue
seu timbre mais fino, desarvorado,
mas ela própria me acalmou
aquietando de repente.
Agoniei no meu canto
o polegar amortecido.
Um insucesso cortou minha crista
decepou minha soberba do alto da cabeça,
é só isso que eu espelho
incapaz de reagir a Camila.
Depois é ela que me consola
me assopra no rosto, me acaricia,
não é frágil,
como são as meninas.

O que quero calmamente
são as fezes de João Cabral de Melo Neto
e Camila com seus olhos amarelos.
O que quero é ser reparada. Justiçada.
Encontrar as respostas de Deus dentro das meias
que não serviram a Papai Noel.
Quero achá-las
em minha mesa de luz ou no ônibus que viajo
quero portas abertas
como elas nunca foram encontradas.

Hoje o Salmo 68 baixou o tom de voz,
mudando de assunto de repente:
*"por que repousais
entre as cercas dos apriscos?"*
Deus buscando a ovelha com palavras!
Estou nas cercas, e como Camila,
de patas postas, o queixo erguido,
detectando o rumor.
Que bom que o Senhor reconhece a ovelha
ainda que pela cor.

Nesta noite de Abril não posso chorar
se o silêncio de sempre me aliviasse.
Tenho almoçado e jantado todos os dias,
um hábito para me enganar.
O café me parecendo estranho
e sinto uma despedida, um novo medo.
Invejo Camila para substituir o choro
simples ela existe
linda e femininamente felina
deveria se chamar Isabela,
não se resiste a uma fêmea chamada Isabela
mesmo eu não tento desvendar, não procuro os defeitos.
Outono,
em imaginário jardim. Nesta noite
e tudo começou num Abril.

Tem sonhos lindos
linda Camila
que entra no armário para dormir
e na tela da antena parabólica
que despregou para o abismo,
mas o anjo guardou Camila.
Sua doçura é de quem nunca irá ao ginecologista,
nunca comprará passagens,
prestará concurso,
intentará guardar.

Publicação Independente
Brasil
2019